밀물을 읽다

시와문화의 시집 029

밀물을 읽다

신정현 시집

시와문화

■시인의 말

죽 벋은 신작로
줄지어 서 있는
미루나무 위 하얀 솜구름
한 움큼씩 잡는 꿈을
수없이 꾸었습니다

여기
모아진 한 소쿠리 꿈을
내놓습니다.

2018년 초여름
신정현

|차　례|

■시인의 말

제1부 사월의 여백

봄, 스미다 _ 12
파도막이 _ 13
번지 점프 _ 14
청보리밭에서 _ 16
사월에 _ 17
벤치 위 시선 _ 18
시를 찾아서 _ 20
쇼핑 카트 _ 22
풀꽃 _ 24
싸리꽃 하늘 _ 26
첫사랑 _ 28
쓸쓸한 풍경 _ 29
낡은 주전자 _ 30
사월의 여백 _ 32
햇빛 속으로 _ 34
빈집 _ 35

제2부 메아리

메아리 _ 38
밀물을 읽다 _ 40
미루나무 위 _ 41
장마 _ 42
분수 _ 44
수그리족 _ 46
호박꽃 그늘 _ 48
허탕-거미줄 _ 50
물속의 하루 _ 52
맨드라미 _ 53
원두막에 바람이 _ 54
약이 될까 _ 56
섬 _ 58
그 소리 _ 60
상처 _ 62
어느 날의 소묘素描 _ 64

제3부 유목의 집

도서관 _ 68
빈 까치집 _ 69
어느 여행 _ 70
젖어든다 _ 71
수세미 변천사 _ 72
외출 _ 74
메꽃 하나 _ 76
수종사에서 _ 78
징검다리를 건너서 _ 79
담쟁이, 넘다 _ 80
유목의 집 _ 82
구름다리 _ 83
은행잎 구르다 _ 84
하마터면 _ 86
강아지풀 _ 87
구름솜 _ 88
공연 _ 89

제4부 길은 휴식 중

겨울 모롱이 _ 92
늦겨울 스케치 _ 93
길은 휴식 중 _ 94
어쩌나 _ 96
생의 한가운데서 _ 97
족적 하나 _ 98
겨울비 _ 100
묵은 수첩 _ 101
시래기가 있는 풍경 _ 102
대결 _ 103
탄생 _ 104
골목길 70 80 _ 105
일기 한 쪽—산 위에서 _ 106
불면不眠 _ 108
11월의 삽화 _ 110
화투 _ 112
비상의 날개 _ 113

■해설 -따뜻한 삶의 향기와 그리움의 미학 /지하선 _ 114

제1부

사월의 여백

봄, 스미다

햇살 고물거리는 개울가
왜가리 한 마리
물속 깊이를 재고 있다

야윈 목 길게 빼고
하루끼니 계산하다
문득 바라보는 하늘
먼 고향 길이 보인다

자운영꽃 핀 들녘 맴도는
흰 나비 떼들처럼
명치끝에서 파닥일 뿐
돌아갈 길 아득하다

위태롭게 버티고 선 외발
아파트 숲 너머 저 멀리
시린 허공을 너울댄다

바람에 실어 보는
헛날갯짓
양재천이 울먹인다.

파도막이

우뚝 긴 팔로 막고
열어주지 않는 문

종일 칭얼대며 조르는 파도와
꿈쩍도 안 하는 천하수장군

하얀 머플러 휘날리는
유혹의 몸짓에도
솨
부딪쳐 되돌아가는 뒷모습 아프다

수평선 너머
떠도는 구름과
딴청만 부리는 그

바위 꼭지에 앉아
구경하던 갈매기
긴 부리 꼭꼭 찍으며
할 말을 참는다

열리지 않는 사랑

번지 점프

하늘과 수면이 맞닿는 율동공원

거미 한 마리
호수를 가르는 심장 소리
가지 끝에 걸어 논 채
수직으로 하강한다

공포가 발버둥 치며
삶의 진액을
울컥울컥 쏟아낸다

대롱대롱
세상이 모두 거꾸로 달린다

구름 한 잎 스쳐도
허우적대는 다리
마구 흔들린다

물벽에 부딪치는 순간
출렁, 한 생의 통증이

파동친다
거꾸로 서있던 극기의 시간 뒤에는
새로운 세상이 울려 퍼진다.

청보리밭에서

끝없이 펼쳐진 보리밭
바람이 어루만진다

가르마처럼 갈라지며
출렁이는 소리의 바다
밀물과 썰물이 드나들며
저 멀리 윤슬이 빛나는
그곳으로 따라 들어간다

휘익 휘익
밭이랑의 휘파람 소리
아버지와 손잡고 걸어가던 일곱 살
온 들판을 설레게 하던
사잇길로 걷는다

시간의 바퀴 빙 뒤로 돌려
바람의 등에 업혀 가고 싶은 곳

사월의 보리밭이
내 가슴으로 들어온다.

사월에

하르르 쏟아지는 벚꽃 속에서
걸어오는 남자

햇살 끌어당긴
선글라스의 깊은 후광
알 듯 말 듯한 미소까지 다가온다
누구일까

후드득
은하의 별 하나 지상에 내리는 설렘
나도 모르게 손을 흔든다

스쳐가는 꽃잎파리
살짝 손등을 건드린다

다시 뒤돌아보니
넘어질 듯 달려오는
낯선 여자

사월의 환영 바람 탓이다.

벤치 위 시선

공원 벤치에서
깔고 앉은 시간이
발아래서 여울진다

잿빛 비둘기 한 마리 다가와
빈 땅에 콕콕 하루를 새긴다

오월의 이야기들이
가지마다 걸려 요란해도

숨 가쁘게 달려온 내력들
저마다 알 길 없는 시선만 깊다

동공에 매여있는 묵은 시간
아무나 보여 줄 수도
읽어낼 수도 없다

나를 지켜온
가슴 한복판의 나

배합이 안 되는 마음의 색깔
온 대지 위에 풀어놓고
허허로운 바람의 붓
마구 휘두른다.

시를 찾아서

꽁꽁 엉킨 시의 타래
첫 올을 찾아요

종일 엎드려 헤집어 봐요
슬쩍 꼬리를 감추며 숨어드네요
먹먹한 머리 감싸 안고 흔들어 봐도
잡히는 건 엉킨 뭉치뿐
눌린 가슴이 답답하여
벌렁 누워 버리고 말아요

어둑발이 창가에 들어서자
달빛에 비스듬히 첫 올의 그림자
실마리를 붙잡고
고호의 별이 빛나는 밤 속으로 들어가요
별빛과 달빛 사이를 일렁이며
몽환 속을 헤매다가
잠깐 한쪽 여백에서 졸기도 해요

차츰 한 올을 따라 풀어가는
헝클어진 타래 속

툭 끊어진 곳에 생각을 이어 붙이다가
다시 매듭을 놓쳐 웅크리고 있어요

종일 보일 듯 말 듯한 길을 찾다가
명치끝만 자근자근 아려오네요.

쇼핑 카트

마트 앞마당
길을 물고 있는 바퀴들
따가운 햇살 줄에 매여 서 있다

지루한 기다림이
날개 잃은 새가 되어
퍼드덕거린다

도망치고 싶은
어느 땐
탈출을 꿈꾸다가
계략을 세우다가

또박 또박
미지의 그를 따라
바나나 생선 가지 오이
팔딱거리는 그들을 업고
이리저리 입맛 다시며 넘겨다보는 재미
날개를 펴고 빙빙 난다

다시 도돌이표
잠깐의 탈출을 반으로 접고
또 긴 하루를 선다.

풀꽃

햇살 맑은
빈 의자에 앉는다

어, 빈 게 아니네
나무판 틈새로 기어오르는
풀꽃 하나

살짝 의자 위를 엿본다

어둠의 틈 비집고
한줄기 빛을 향해 달려왔을
숨 가쁜 질주
잎 두어 개 매달고
가늘고 긴 다리 휘어질 듯
휘청거린다

바람에 흔들리는 꽃잎
아직도 못 보낸 그 사람을 찾는가
살랑살랑 손을 흔든다

산등성 너머 달려오는
그리움 한 조각
가슴에 바람이 분다.

싸리꽃 하늘

싸리꽃 촘촘히 내려앉은 오솔길
어린 날 수채화 속으로 들어간다

연록의 바탕에 햇살이 앉으면
서툴게 퍼덕이며
아버지 가슴속 파고드는
올망졸망 나비 여섯 마리

바람결 막아주며 토닥여주던 날들
넓은 등 뒤로 혼자 서있던
그리움이 하늘을 본다

꽃그늘 아래 어둠이 내리는
회색 빛 물감이 번진 자리

은하 어디쯤 갈림길에서
허공을 딛고 두려움에 떨 때
잎잎 가득 새겨놓고 가신 말씀
세월 뒤편에서 메아리로 울린다

이제 마당 한 자리
싸리비로 서 있는 아버지
사그락사그락
못 다한 묵언의 말씀
발밑 쓸어주며 정결한 길 걷게 했다.

첫사랑

울타리 사이사이
장미꽃 바알간 달무리 속에
본 듯한 얼굴 하나

어디서 보았을까

실바람 손짓에도
펑
울어버릴 것만 같은
그리움의 붉은 문장

가냘프게 떨고 있는
그 속에
내가 있어
살 속 깊이
달빛 흐르는 소리

적막 속의 너를
소리숙여 부른다.

쓸쓸한 풍경

시냇가 사월의 갈대밭
새순 사이
채 겨울을 떠나지 못한 노인들이
듬성듬성 보인다
봄볕에 영근 바람이 한바탕 불자
허옇게 센 머리칼들이 술렁인다
미처 지팡이를 챙기지 못한 허리가
꼬부라질 듯 휘청인다
체머리를 흔들던 할머니
시간을 좇다가 넘어지며
앞서가는 친구 부음에 목이 메인다
거죽만 남은 손으로
떠나는 계절을 잡아당기려 하는 이들

계절의 길목에서
은빛 세월 저편으로 달아나는
내 그림자를 본다.

낡은 주전자

난로 위 먼지 쓴 주전자
쭈그리고 앉아
빈 집 고요를 가득 안고 있다

시간의 두께에 눌려
굴뚝마저 찌그러진
둥근 모양만 남은 집

한때는
칙칙 품어대던 삶의 열정에
증기 열차가 된 창가
커피 향도 같이 구르던 날들

무너진 구멍에 귀를 기울이면
비상을 꿈꾸던 소리
날마다 기억 저편에서 자라나
소리 없이 밀려온다

제 몸 졸여
남을 위해 속을 비운 흔적들

이제 밑바닥
흐릿한 지문으로 남아
헌집 한 채 지키고 있다.

사월의 여백

꽃잎 제치고 들어온 하늘
바람을 끌어당겨 캔버스 세우더니
라일락 꽃 그늘에 서성이는 여자
햇살 끝자락으로 붓질을 하네요

꽃이 지나 봐요
붓 터치로 툭툭 치는 허공에
꼭 쥐었던 화려한 날들의 기억
알알이 터진 향기가
머리 위를 맴돌아요

물감은 번져 저녁으로 기우는데
그 사람 오기는 글렀나 봐요

다리가 저리도록 서 있는 저 여자
흩날리는 꽃잎 후우 불어
날리고 또 날리고
그것은 가까이 닿고자 하는 날갯짓

서성이던 발자국이

떼를 지어 퍼덕이네요

무료한 시간이 점차 채색되어 가면
한쪽 여백에
보랏빛 속울음도 세우네요.

햇빛 속으로

개망초꽃 하얀 들녘 위로
부산하게 날아드는 흰나비 떼들
햇빛 속으로 걸어든다
발자국 소리에
햇살은 후다닥 놀라서 뛰고
바람이 콜록 콜록거린다
그때마다 기억의
꽃잎 파르르 떨린다
출렁이는 여운 속
날개 끝에 매달린 잔상 하나
숨바꼭질하며
반짝이는 시간 속으로
나를 끌고 다닌다

햇빛이 햇빛 속으로 들어가는
한낮의 정점에서
알 수 없는 눈물을 훔친다.

빈집

슬레이트 지붕 위 헌신 한 짝
젖은 시간 내려다보다
빈 세월 꾹 물고 빨랫줄만 흔드는
집게들과 빛바랜 사월을 장난친다

햇살 한 자락 멈칫
방안을 기웃대더니
컴컴한 적막 앞에서 뒤돌아선다

앞마당에 봄이 쏟아지는 소리

양지 쪽 나이 든 감나무
볕살에 근질근질한 머리통을 흔들고
북적대던 기억들
잔가지 사이로 들락거린다

지나가는 바람에
부서지는 정적
오래 앓던 통증만 수북하다.

제2부
메아리

메아리

깊은 산마루
생각을 꺼낸다

두 손안에 모아진 소리
시공 끝점을 향해 달린다

밀어내어도 부딪치던 감정들
한곳만 맴돌던 발자국 잡고
골짜기에서 뒤엉킨다

바닥을 뒹구는 이름 하나
칡넝쿨을 잡고 기어오른다
그리움으로 가는 길
보이질 않아
햇살 따라 가보지만
언제 미워했는지
왜 울었는지
세탁된 언어들이
티 없이 순한 맘으로 다가온다

맨발로 찾아오는 발소리는
도돌이로 돌아오는 산의 감탄사
내 귀가 점점 커진다.

밀물을 읽다

해변에 앉아
성큼성큼 돌아오는 바다 한권 펼친다

저 멀리 푸른 초원
징기스칸의 군마들이
영광스러웠던 승리의 기억을 찾아
흰 갈기를 휘두르며 온다

하늘을 맴돌며 환호하는
괭이갈매기들의 소리 해독할 수 없어
그만 쫓던 세월을 놓친다
뒤돌아 사라져 가는 발자국
밀물의 기록이 햇살 한줌으로 남는다

밀려왔다가 사라지는 시간 속에서
한발 한발 다가가는 행간의 추억들
모래 위 손가락 사이로 넘어가는 페이지마다
등불을 켜들고 있는 태초의 고향집이 보인다.

미루나무 위

고향 시냇가
미루나무의 기억이
지금도 팔랑인다

잎잎 사이사이
부딪쳐 내리는 햇살 맑은 소리

나뭇가지에 색색의 음표로 엮어놓는다
칠월의 노래 허밍하며
손짓하던 하얀 솜구름
한 움큼 쥐어보려
나무 비탈을 오르다가
손가락 새로 울어대는
쓰르라미 목청에 걸려
주르르 미끄럼 타던 어린 날들

얼마큼 지났을까
지금도 그 손짓에 꿈을 엮으러
팽팽한 시간의 줄을 잡고
지하철 계단을 오르고 있다.

장마

가끔은
재잘대는 소리에 눈 맞추며
반짝 웃기도 하지만

뚱하니 부은 얼굴로
강변에 웅크리고 앉아
시간을 조약돌인 양 쌓기도 한다

싫증이 나면
고함을 지르고 발버둥치며 심통을 부린다
온종일
칭얼대는 투정에
갈대들은 하루의 방향키를 놓치고
어쩔 줄 모른다

강바람 찾아와 토닥여주면
봇물 터지듯 서러운 울음에
강물도 여름을 쓸고 간다

진즉 사랑한다고 말해줄 걸

저 눈물의 끝자락 들추고
가을은
종종걸음으로 오겠지.

분수

산정호수 갈대숲에
웅크리고 있던 독수리
고개를 들어 하늘을 보다

날개 밑 침묵을 깨트린다

안으로만 궁글리던 시간
기다림의 과녁을 뚫고
위로 위로 쏘아 올린다

수직으로 솟구치는 하얀 날갯짓
우 우 달려드는 바람의 함성

무수히 흩어지는 물보라 속에서
원시의 알몸을 꿈꾼다

하늘, 가까이 갈수록
제 안에 키우던
구름까지도

버리고 비우면
저리도 가벼운 것을.

수그리족

지하철 안
태초의 은하처럼 잠잠하다

한 손에 작은 행성을 들고
다른 손은 주파수를 당기면서
미동도 잊고 골몰하는 초능력자들

미지의 우주 밖
얽히고설킨 미로에서
서로의 귀를 잇대고
외계의 별들 주고받는다

손바닥 안으로 끌려오는 중력의 힘
고개는 점점 무거워진다

나도 덩달아 주머니 속 행성을 꺼내
은밀한 언어로 그의 심장을 터치하면서
내 고개도 점차 수그러지고 있다

침묵의 시간 확장될수록

점점 수그러지는 족속들

역마다 쏘아 올리는 행성의 숫자
우주를 꽉 채운다.

호박꽃 그늘

고샅길 울타리에
노오란 등불 밝혀놓고
기다리던 어머니

먼데서 바라만 보았다

어쩌다 떠밀리듯 내려가면
돌아갈 길 재촉하며
서성이다 오곤 했다

가끔
전화선 길게
늘어뜨리시던 어머니
속울음 우는
마음을 알지 못했다

시간의 뒤안길
이제 내가 꽃등 그늘에서
기다림을 맴돈다

오늘도 담장에 기대어
통째로 제 몸 자르며
지쳐가는 눈물
그 꽃, 어머니.

허탕

–거미줄

온종일 기다린다

하늘 한 자리
나뭇가지에 걸쳐진 그물망
알록달록 꿈의 무늬
호랑나비를 상상한다

바람이 불면
펑 터질 것만 같은 수직의 긴장감에
가슴을 쓸어내리고
느슨해지면
다시 무료함을
흔들며 휘청댄다

깜박 제풀에 놀라
실눈을 뜨고 지켜본다
눈길 사이사이로
요리조리 헤엄쳐 다니는 하루살이 떼들

한 치 남은 그림자
바알간 노을이 펄럭인다

내 허술한 네트워크에
씽씽 바람소리만 요란하다.

물속의 하루

어스름한 양재천
거꾸로 선 아파트의
하루를 녹이고 있다

슥, 물고기와 아파트가
춤을 추며
서로의 몸을 비틀어댄다
창들도 덩달아
빛을 풀어 놓는다

바람이 나뭇잎 하나 띄워
심술을 부린다
쏟아져 내리던 물줄기들
잎새를 품어 안고
서서히 밀려간다

잠시 후
아파트는 사라지고
돌 틈 사이로 희미한 가로등만 남아
물속에 오래오래
하루의 비문을 새기고 있다.

맨드라미

장독대의 수문장
땡볕 투구에 벌건 투창 치켜들고
기억 속의 시간을 지키고 있다

독아지 위에 꽃잎 차려 놓고
소꿉놀이하던 일곱 살
붉은 그리움 뒤적여 보다가
빈 항아리 사이사이로 누군가를 찾는다

안으로 안으로만 그러담은 갈등
묵묵히 삭혀내던 어머니
모질고 녹슨 날들 닦고 닦아
둥그런 윤기로 품어 안던 세월
이제는 부연 울음만 켜켜이 쌓여있다

옛집 모롱이
뒤돌아보니
어서 가라 손짓하는 어머니
손사래 설핏한데
투구 벗은 기다림 그림자 잃고
여윈 슬픔 한들한들 뒤따라온다.

원두막에 바람이

허공 한 자리
얼기설기 엮어
초가 한 칸 시원하게 마련했어요

바람이 먼저 와 앉은 자리
구름도 슬며시 기웃거려요

삐걱대는 사다리
살금살금 오르면
가슴 안에 웅크렸던 고추잠자리
우주 밖으로 너울대며 날아가요

바람을 팔아요
목적지를 잃고 샛길을 헤매다가
바닥에 주저앉은 이
명치끝 오래된 침묵
마구 퍼내고 싶은 이
바람, 바람을 사세요
참, 수박 참외는 무료로 드려요

하늘로 통하는 힐링의 바람 역

저기 보이는 연인들
서리는 살짝 하시고요
잠깐 쉬었다 가세요.

약이 될까

베란다 고추밭이 수상하다

여린 몸 여기저기
붉고 검은 반점이 어지럽게 찍혔다
밤 새 누가 다녀갔나

여름 내
새 바람 보듬고
햇살 잡아당겨
올망졸망 키운 새끼들

어미의 타는 속
어떻게 하나
머리를 굴려 각도를 재고
뾰족한 수에 덧셈 뺄셈 해본다

그렇지
창문 활짝 열고
해도 달도 하늘도 끌어내려
자연 치유 어떨까

기다려 보는 게 약이 될지
참는 게 약이 될지.

섬

바닷물이 빠져나간
기슭

조개를 캐고 있는 그녀
활처럼 굽은 등
쏟아지는 햇살이 무겁다

파도가 놓고 간 갯벌 위
깊은 발자국 따라
묻혀있는 추억의 조각들
콕콕 캐내고 있다

바구니에 하나둘 쌓이는 그리움

가끔은
수평선에 걸어놓고
해조음 스미는
목소리를 듣는다

섬 속의 섬

서늘한 갯바람이
은빛 머리 한바탕
훑고 지나간다.

그 소리

캐나다 서부 알바타 평원
밤이 내린다

지평선에는
황야의 건맨이
적막을 좇다가
총 한번 쏘아보지 못하고
어둠 속으로 떠났다

깊은 밤
별 하나 내려와
시공을 유영하는 한 생애를
누인다

바람이 훑고 지나는 것인가
불면으로 뒤척이는
밀 이삭들 수근거림인가

직믹이 걸어온 실
달빛에 걸어 비추어 본다

비우지 못한 나그네 마음
내 소리를 듣는다

동이 트고 새벽이 올 때까지.

상처

숲을 날던 새
허공의 모서리에 찔린다
이리저리 파닥대다
폭포 속 그늘로 숨어든다

내리꽂히는 물줄기
상처를 후비고
일렁이는 파문은
스르르 물의 열쇠를 채운다

밤마다 뒤척이며
푸른 하늘을 나는 꿈
아침이면 무너져 내린다
목이 메도록 울었던 탓일까
숲이 밴 날갯죽지에서
푸른 피가 솟는다

깃털 속에 숨어든 구름 한 조각
시린 바람의 등에 업혀
물안개 속에서 속울음 운다

혼자 남은
한줄기 저녁 햇살
또 다른 나를 찾아
젖은 가슴으로 스민다.

어느 날의 소묘素描

언제부터였을까

방충망에 붙어있는
매미 한 마리

온몸을 밀착시킨 채
꼼짝도 안 하고
방안을 들여다보고 있다

무엇인가 들켜버린 것 같은 속내
바짝 쫓아가
비켜
종 주먹을 대고 허풍을 떨어보지만
다 알겠다는 묵언의 대답이다

그때
전하지 못한
마음까지
속살 발갛게 드러난 하루

잔뜩 눈을 흘기다가
돌아서서 웃는다.

제3부
유목의 집

도서관

소나무 층층나무 이런저런 나무들이
울울히 들어선 숲속
잎새들이 첩첩이 쌓인 미로의 페이지
바람의 손이 한 장 한 장 들추며
행간의 이야기를 읽어주고 있다
상상의 길을 따라가는 시간
숨소리마저 들리지 않는 정적 속으로
상수리 한 알 툭 떨어져
고요의 바닥에 밑줄을 긋는다

시간이 짙어질수록 형형해지는 눈빛이
깊숙이 꽂히는 비탈길에
노을 한 자락
어둠을 업고 내려온다

반만 접어 호주머니에 넣은 문장 끝 물음표
풀어야 할 과제는 무엇일까
곰곰이 생각해보는 내일의 서가
긴 그림자 끌고 온다.

빈 까치집

주소를 바꾼다

듬성듬성
헐거워진 기둥 사이로
겨울 햇빛이 졸다 간 자리
바람이 그가 지내온
이야기를 솔솔 놓고 간다

반짝이는 깃털로 올라
내려다보던 거기
빈 둥지에
살아온 하늘 다 비워 놓고
긴 한숨 풀어내며
우주 어디쯤
잠자는 고요 업어다가
있는 듯 없는 듯
체취만 안고 있는 허공이
천년처럼 앉아 내려다보고 있다.

어느 여행

밤새 주차한 보닛 위에
수북이 쌓인 은행잎들
평생 초록일 것만 같던 시간들이
노랗게 변심을 했다
생생한 잎, 마른 잎, 시든 잎
닿고 싶은 마음이 어디일까
물음표를 단 계절의 바람이
한 잎 한 잎 들춘다
바다로 들로 고향으로
살아온 모습만큼이나 서로 다른 대답들
가지마다 주렁주렁 매달린 은행 알들
못 본 체 고개 돌린다

톡톡
차창을 치는 나
아저씨 봄이 오는 길목으로 가주세요

하늘길 멀다.

젖어든다

오솔길에서 마주친
단풍잎 하나

빙그르 돌더니
내 발등에 눕는다

간밤 무서리에
피붙이들 손 놓쳤는지
허허한 울음
가랑가랑 쏟는다

소슬바람에
몸부림치는 슬픔

흔들리는 빗줄기도
붉은 고독 위에
소리 없이 허물어진다

내 마음이 젖어든다
되돌아가야 할 방향을 잃었다.

수세미 변천사

주렁주렁 여름으로 태어나
젖 냄새 풍기며 토실토실 자란다

철이 들면서부터
이 방 저 방 돌아다니며
창호지에 구멍을 내고 밖을 살피며
다른 세상을 엿본다

시간이 갈수록 영역을 넓히며
온 집안을 헝클어 놓는다

머리가 희끗희끗한 계절
생각은 발효를 시작한다

미로를 찾아 돌아다니며
서로를 알아보고 눈물을 흘리다가
어깨를 안고 어루만지며
푹 삭은 강으로 눕는다

햇살 맑은 어느 날

진액이 고여 바람으로 뭉치면
제 몸에 품은 검은 씨알 몇

아픔으로 반짝이는
순환의 먼 길 끝에서
퇴적된 세월을 설거지하는
또 다른 삶의 자궁이 된다.

외출

감나무 가지에 잘 익은 홍시 하나
한눈팔다가
'쿵' 떨어진다

와르르
지축이 흔들리는 소리
분홍빛 별꽃들이 후다닥 놀란다

엿보던 건들마
사방으로 흩어진다

작은 분화구가 되어버린 이곳
푸르른 각시 시절부터
한 점 한 점 키워온 그리움이
옹이로 박혀있고
달콤한 향내가
골목길 작은 우주를 달린다

농염한 몸싯 왁자지껄
은하까지 번진 꽃바람 소문에

지축은 다시 흔들리고
나는 반쯤 기울어진
지구를
쿵쿵 돌리러 간다.

메꽃 하나

잇대야만 설 수 있는 사랑
메꽃이 다복솔을 맴돈다

짙푸른 갑옷에 늠름한 자태
슬며시 바라만 보아도 설렌다

가시 창을 딛고
한 경계씩 다가가며
손가락 휘저어가는
그곳은 출렁이는 내 구름다리일 뿐
그의 가슴 열리지 않는다

아무도 없는 산등성이
바람이 슬쩍 스치기만 해도
울어버리고 마는 꽃잎

목청껏 슬픔을 노래해도
그는 지나가는 구름과
딴청만 부린다

혼자 설 수 없어
종일 기다리는 포옹의 꿈
해가 저문다.

수종사에서

적막에 지친 대웅전 뜨락에서
한낮을 뒤틀던 감나무가지
불그레 졸고 있는 사루비아 꽃
슬쩍 간지럼 태운다

두물머리
날아오르는 종소리
백로의 날개 잡고
춤추니

위초리에 매달려 해탈을 꿈꾸던
농익은 감 하나, 어른어른
내 안으로 들어온다

보고 있던
미륵 큰부처님
마음을 활짝 열어 주신다.

징검다리를 건너서

가을 햇살 아래
아이가 폴짝폴짝 건넌다

돌 하나 뛰고
바다 멀리 뛰어넘고
또 다시 뛰고
유년을 건너고

바람에 실리어
생각을 넘어
세월을 지난다

꾹꾹 발자국을 남기며

첫사랑 그가
풍경 속으로 들어간다
모든 것이 지나간다.

담쟁이, 넘다

저 산을 넘어야 한다

어둠보다 짙은 정적 속에서
불빛 찾는 행렬
낮은 포복으로 기어오른다
절벽에 잡힌 손가락 끝
막막한 하늘도 거기 매달려
가파른 등성이를 따라 오른다
짐 보퉁이 사이로 허기에 구겨진 아이들
손을 놓으면 안 된다는 엄마의 무언 절규

절박한 눈빛으로
뒤를 돌아다보면
아득한 허방 아래
세월이 곤두박질치며 쫓아온다
어서 가자
저 산만 넘으면 된다

담벽이 헐린 자리
전나무 위로

이주하고 있는 담쟁이 무리들
시리아 난민을 실어 나르고 있는
그의 잔등이 벌겋게 벗겨져 있다.

유목의 집

바람 비집고 드나드는
처마 밑 늙은 제비집
헐렁해진 사이로
두고 간 시간이 보인다

물어다 먹이고 키운 한 가족
그림자만 멍하니 앉아 있다
제비꽃 씨앗 하나
회로의 깃대 밑에 심어놓고 떠난
대대의 날개 짓들

그물망으로 촘촘히 짜여진
핏줄의 무리들
남풍 따라 떠나는 유랑의 길
바람의 마디에 걸려 휘청 일 때마다
두고 온 옛집이 그립다

찌직
떠나온 회로에서 신호가 온다
아직도 제비꽃 씨앗은 자고 있다고
봄은 아직 멀었다고

구름다리

대둔산 허리 절벽에
세월을 엮어 만든 기다림
쉼 없이 흔들리고 있다

한 발 내딛으면
계곡 사이사이로
가파르게 흐르는 물길
아득한 허방다리

무엇이 그른지
분간할 여유도 없이
잘못했습니다
웃고만 계시는
나만의 하느님께 빌고 빌며
한계의 눈금을
한 발씩 지우며 간다

아찔한 벼랑
출렁이는 햇살 꼬리 꼭 잡고
시공을 넘어
너에게로 간다.

은행잎 구르다

어디로 가는가

세찬 비바람
온몸으로 견디며
불볕에
노랗게 달뜬 그녀

하늘 이고 새끼들 끌며
영원한 침묵의 수레에 오른다

떠밀려서 궁굴면서
바닥에 끌려가다가도
서로 부비고 다독이며
세월 따라 가는 길

한 가닥 움켜잡고
안간힘 쓸수록 내몰리기만 하는
이승의 경계에 서서
자꾸 뒤돌아보며 간다

머물지 못하는 시간이
벼랑 끝 내리막길을 구른다.

하마터면

산책길에서
툭 떨어져 발밑으로 구르는 밤송이
눈을 부라리며 노려본다

발바닥으로 지그시 눌렀더니
시퍼런 창칼을 휘두르며 도도하다

그냥 지나려다
오기가 유혹한다
다시 대창을 들고 공격해본다
그리도 단단히 지키고 있던
보석 두 알
못이기는 체 마지못해 내미는데

가을 햇살이 반짝
보석 위에서 속삭인다

'1m 앞 낭떠러지 위험'

강아지풀

좁은 논둑길
노릇한 가을로 서 있습니다

바람이 불면
자꾸 흔들리는 길다란 실루엣
무거워지는 고개 아래로
아릿한 어린 날을 봅니다

나락 베던 날의 들녘
커다란 함지박에 새참을 이고
논두렁길 걸어오시던 어머니
촐랑촐랑 뒤따르던 누렁이 뒤로
흰 구름도 따라옵니다

오늘 어머니
그 모습으로
하늘대는 그리움 한 가득 이고
가슴속 깊은 독아지에
가을 볕 담아주러 오셨습니다.

구름솜

뭉게구름 내려앉은 산등성이
긴 시간의 끈 잡아당겨
기억 한 줌 주워든다

저 만치 비탈 밭
목화솜 따는 어머니 굽은 등
바구니에 솜 산 쌓던 어린 날

이 솜은 모아모아
우리 아가 시집갈 때
이불해주고

흥얼거리는 노랫가락에
밭고랑도 계곡물도 여울져 내린다
가슴속에 후드득 피어나는 별꽃들
목화 구름 꽃가마 타고 팔랑팔랑 오른다

오늘도 덮고 자는 솜털구름
이 밤
하늘에선 목화송이 눈이 펑펑 내린다
어머니 무덤 따뜻해지겠지.

공연

물살의 반주에
몸을 흔들며 목이 쉬도록
'황혼의 엘레지' 를 열창하는 갈대들

노을빛 무대가 열린다

서로의 몸 비비적거리며
까르르까르르
튀밥처럼 터뜨리는
바람의 하얀 갈채가
마냥 서럽다

찰나가 헤어짐이라는 것을
모르는 그의 등 뒤로
어둠이 울음을 삼키며 막을 내린다.

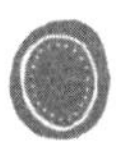

제4부

길은 휴식 중

겨울 모롱이

싸락 싸그락
겨울이 내리는 길 모롱이

비닐덮개로 눈발을 막은 노을빛 어장
햇살 밝은 좌대 앞
둥그런 낚싯대만 기울이면
한 코에 줄줄이 수 마리씩
걸려드는 노란 붕어 떼들
뱃속의 내장은 어디가고
심장만 펄떡인다

어둠 위로 자꾸 싸락눈은 쌓이고
낚시꾼도 가버린 빈 낚시터
뻐끔뻐끔 하품하는 붕어 입에
노모의 밭은기침 소리 걸리고
어린 아이들의 눈이 초롱하다

못 다한 하루의 생계를 채우기 위해
식을 줄 모르는 붕어판
은하의 파란 등불아래서
그는 계속 겨울을 굽고 있다.

늦겨울 스케치

마지막 벚꽃 잎처럼
때늦은 눈이 내린다

하늘하늘 한가롭다가
햇빛의 등에 업히면
셀 수 없는 검은 점

바람의 수채화
여백에 별을 그려 넣는다
언 발로 회오리치기도 한다

차디찬 손을 내밀면
낯선 만남도
스스럼없이 잡아주는데

설렘으로 엉킨
또 다른 세상으로 나가

켜켜이 쌓여 빛나고자 했던 속내
나이테도 없는
겨울의 무게를 가늠할 수 없다.

길은 휴식 중

자전거 보관소
체인에 감긴 길들이
꾸역꾸역 모여든다

앞만 보고 달려온 시간이
이제 한가롭다

준마로 단련 받은 오랜 세월
근육질 다리엔
달려온 길의 내력이 환하다

바람과 함께 지나온 수많은 계절
상처 깊은 바닥의 신음까지 안고
생계의 비탈길을 오르내렸다

양수리 옛 철교 아래
질주하는 젊은 날의 내가
발자국이 읽어주는 흔적 따라간다
유년의 둑방길을 달릴 때는
아버지 등에 업혀 바람과 함께 뛰었다

미지의 시간 찾아가는
또 다른 설렘을 안고
살짝 내일을 계산해 본다

더 달려가야 할
내 안의 길 얼마나 될까.

어쩌나

갑자기 몰려온 세찬 바람이
우산을 거머쥐고 달아난다
뒤집어진 채 차도를 마구 달린다

저걸 어쩌나

순간 빗물 눈물범벅이 된
컴컴한 어둠 속

심장의 박동도 잠시 멈칫하는
망망한 우주 한가운데서
삶의 방향키를 놓친다

무수한 시선들이 쏟아내는 웃음이
빗물 구르는 절박감의 블랙홀로
한없이 빠져든다.

생의 한가운데서

길을 잃었다

교실 안을 기웃대던 말벌 하나
기어들더니 날개 밑 독침을 꺼낸다

순간 지우개가 맞받아치고
포환처럼 휘돌기를 하는 책
창칼이 공중에 꽂힌다

동서남북 퇴로를 찾다가
맨몸 헤딩 시도해 보는데
웬걸
쪼르르 유리창 미끄럼 공격이다

삶의 꼭짓점에서 밑둥치까지
공회전한 하루
날개가
마냥 무거워진다.

족적 하나

가방 속 깊은 곳
자리를 틀고 있는 도장

학업을 마친 기념으로 태어나
낡고 작아서 볼품은 없으나
내 젊음의 권위였다

어둠 속 기다림 지루하다 않고
언제나처럼
부름에 달려 나와
나를 대신하는 얼굴이 된다

직장에서는
모두에게 존재감의 증표였고
은행에서는
막힌 통로를 뚫어주는 해결사였다

어쩌다
어지러운 오류를 탈 때는
밤새 갈등에 휘감겨 같이 울기도 했다

몇십 년 동고동락한 그는
깊숙한 권좌에 앉아
시간의 밖 어딘가에 기록될 권력 한 페이지
철없는 봄꿈을 꾸고 있는 중이다.

겨울비

알지도 못하면서
서슬 퍼렇게 호통치며 때린다

마른 갈대 잘못도 없이
고개 숙여 빌고
잔설에 기댄 끝자락
눈물 그렁그렁 맺힌다

풀리지 않는 서러움에
갈댓잎 허리 굽혀
언 강물 치며 속울음 삼킨다

발자국마다 상처 깊은 흔적
시린 손발 비벼야 하는 매서운 삶

동안거 중인 버드나무가 손 내밀어
괜찮다
지나가는 거잖아

묵은 수첩

잊혀진 날들 찾으러
오래된 수첩을 뒤적인다

낡은 곳간 문을 열자
촘촘히 쌓인 지난날의 흔적
잠자던 기억의 낱알들
어둠에서 와르르 쏟아진다

수없이 새끼손 걸고
은하만큼 널려있던 약속들
차곡차곡 적어놓은 몇 개의 계절과
내가 놓친 막차도 거기 있었다

사라진 줄 알았던 그때가
잠겨있던 마음의 창고 속에서
나를 반기고 있었다.

시래기가 있는 풍경

텅 빈 시간의 뒤안길에서
누렇게 바랜 기억
추녀 밑 햇살자락 겨우 잡고
아슴아슴 새끼줄에 엮여 있다

바람이 불면
그리움의 무게만큼 느슨해지는 줄
휘청휘청
시간 너머 너머로 보이는
아버지의 마당
내 요람을 마구 흔든다

사그락 사그락
마른 입 벌려 하고 싶은 말
계절의 뒷목 안고 돌아가고 싶어
칭얼대며 졸라 본다

메말라가는 눈물 섬 그늘
하릴없는 적막만 부서지고 있다.

대결

골목길 모퉁이
제법 큰 푸들 한 마리
꼬리를 바짝 세운 채 으르렁거린다
눈을 부라리며
내 길을 마구 할퀸다
철렁 내려앉는 발걸음
뒤로 밀린다
순간 덜 풀린 어제 일로 엉킨 머릿속
빠알간 불이 켜진다
두 주먹을 불끈 쥐고
잔뜩 노려보며 버틴다
눈과 눈의 싸움
불꽃과 불꽃 부딪친다
얼마나 지났을까
기죽은 듯 슬며시 꼬리를 내리는 녀석
꼬리는 저럴 때 내리는 걸까

입가에 번지는 까닭 모를 미소
안도의 한숨 뒤에서
별것도 아닌 것이.

탄생

한겨울에도 문이 없는 곳
화덕 위에서 버얼건 쇠꽃이 핀다

모루 위에 올려지자
뚝딱뚝딱
망치를 꽉 잡고 내려치는 손
대장장이 두 눈에 불꽃이 튄다

얻어맞아야 기를 펴는 쇠붙이들
소리가 소리를 매친다
단단했던 쇠뭉치
그의 손에서 물렁해진다

수천 번 담금질로
가슴에 파문이 일도록
쏟아낸, 뼈아픈 울음의 곳간에서
호미 괭이가 걸어 나온다

맨몸으로 불을 건너온
그의 심장이 뛴다.

골목길 70 80

오래된 유년의 하모니카
곳곳에 구멍 뚫린 소리
갈 곳을 모르고 내지르는 숨이
높낮이를 잃고 방황한다

어둠이 찾아드는 시간
비탈길은 지친 사람들의 허리가 된다
가로등 불빛이 졸고 있을 때
취객들의 고성방가에
휘어진 대문이 삐거덕거린다

칼바람이 한바탕 휘돌아들면
허공 속에서 뒤틀린 음계
높아진다

어둠 속에서 더 또렷해지는 모습
손때 묻어 익숙한 하모니카다.

일기 한 쪽

–산 위에서

오르고
또 오르면
하늘 가까이

부끄러워지는 작은 솔새
날갯죽지가 흠뻑 젖는다

세월의 소용돌이 속에서
무조건 위로만 오르려고 했다

돌아보지 않은 허물들
햇빛에 반사되어
후회의 빛깔로 나를 찌른다

세상의 등줄기를
곡예하듯 오르내리던
자만심도
후다닥 두 손 끝에 걸린다

이제
창공을 나르려 하는데
산 아래 두고 온 미망迷妄의 그림자
능선을 타고 먼저 오른다.

불면不眠

탑을 쌓는다

반듯한 아침으로 기단을 놓고
길쭉한 오후를 세운다

모난 말 사이 둥근 대답을 끼운다
잠깐 구부러진 그의 목소리 골몰하다
탑신을 돌아가며 여백을 메우다가
반짝이던 미소 하나 보주로 올려놓고
잠의 높이를 잰다

밤새워 쌓았지만
새벽 별빛에 보이는 갈등의 구멍들
메워지지 않아 세찬 바람
쉼 없이 들락거린다
틈새가 자꾸 벌어진다
두 손바닥으로 얼른 막는다

와르르 공든 탑 무너진다

허옇게 날 새는 건조한 시간
천정 모서리에 꽂힌 잠
내려올 줄 모른다.

11월의 삽화

시냇가 둔덕 간이역에
겨울 열차가 섰다

목쉰 바람의 호명 소리

갈대들이 손을 흔들며
줄을 서서 오르고
고부라진 허리에
허옇게 센 강아지풀
자꾸 뒤돌아보며 걷는다

연록의 잎새들
손잡고 바라보던 파릇한 인연

계절의 역 지나면서
자취도 없이 사라지고
쌩하니 부는 바람만
추억의 갈피를 헤집는다

만나고 헤어지고

헤어지고 만나고

열차가 움직인다 기적만 들리는
그곳 작은 역
내가 덩그러니 서 있다.

화투

사계가 뒹구는 놀이터
사철 꽃들이 피고진다

아침 밥상을 물린 할머니
꼭 재수 패를 뗀다.
방석 위에
넉 장의 계절이 펼쳐지고
철따라 피는 꽃잎들
줄줄이 나란히를 한다
앞서거니 뒤서거니
제 짝을 찾아 세우는 할머니
딱 줄반장이다
머리를 갸우뚱하다가
혼잣말로 하루를 점쳐 보기도 한다

이월의 매화꽃 밭에 새 한 마리
오늘의 운세는 님

양로당을 나가려고
대문을 나서는 할머니
뒤 치맛자락이 꽃잎처럼 나부낀다.

비상의 날개

농구장 옆 잔디밭에
찌그러져 있는 공
상처를 헤집고
파고드는 빗소리는
기억 저편
묻혀 있던 시간을 꺼내놓는다
가슴 깊이 뿌리처럼 뻗어있던
소리, 귀를 열며 기지개를 켠다

애드벌룬 부풀 듯
팽팽하게 튀어 오를 때
경기장 가득 차오르던 열기
가슴에서 가슴으로 휘돌던
짜릿한 함성의 회오리바람
그날을 되돌린다

비상을 향한 그의 날개
젖은 하늘 힘껏 밀어낸다

높이 멀리 우주 끝으로

■해설

따뜻한 삶의 향기와 그리움의 미학

지 하 선
(시 인)

1. 프롤로그

문명이 발달하면 할수록 사람들은 삶의 질을 개선하기 위해 여러 가지 궁리를 하며 사회적으로 이슈화시키기도 한다. 몇 년 전만 해도 'Wellbeing' 이, 그 다음엔 'Welldying' 이 유행처럼 입에 오르내리더니 요즈음은 'Wellageing' 이라는 캐치프레이즈를 내세우고 있다.

백세시대라 하여 노년은 소모의 연대기가 아니라 지성과 영혼이 경지에 이르는 인생의 황금기임에 자부심을 가지며 나이 들어가자는 운동이다. 젊어서는 가정을 위해 충실히 헌신했다면 나이 듦에 따라 자신에게 주어진 시간을 잘 활용하여 자신을 위해 자신만이 할 수 있는 무언가에 심취해 보는 것이 성공적으로 살아가는 방법이라고 생각하는 것이다.

H. S. Fritsch는 '나이는 마음의 질로 결정되는 것'이며 '야망의 불꽃이 꺼져 있다면 늙은이. 인생을 최대한 향유하며 삶에서 꿈을 잃지 않았다면 당신은 늙지 않았다' 고 말했다. 꿈을 꾸며 도전하는 사람은 나이와 상관없이 젊다는 뜻이다.

그렇다면 최고의 'Wellageing' 은 '무엇을 꿈꾸느냐'에 달려 있다고 볼 때 신정현 시인은 바로 '시' 라는 꿈을 꾸며 젊음을 만끽하기 위해 시간을 멋지게 요리하는 사람이다. 시인은 남들이 못 보는 사물의 내면을 그만의 감성과 소통으로 새로운 사물을 창조해 냄으로써 독자들로 하여금 공감하고 감동케 하는 '언어의 마술사' '언어 조탁' 의 장인(匠人)이라 할 수 있다. 신정현 시인의 시는 꾸밈없는 눈과 귀로 소통한 사물의 내면을 진솔하게 표현한 시편들로 그의 심성이 자연과 가깝다는 것을 알 수 있다. 아름다운 향기도 가치를 모르는 사람에게는 한낱 냄새에 불과하다고 했다. 그러나 그의 시편마다 스며있는 삶의 가치는 대지의 작은 풀꽃처럼 향기를 뿜어내고 있다.

그렇다면 신정현 시인의 삶 속에 묻혀 있는 그 향기를 더듬어 찾아보기로 한다.

2. 따뜻한 삶의 향기

누구나 삶은 힘들다. 누구든 살아가면서 상처로 얼룩진 고통과 힘든 시간을 관통하면서 강해지고 독해지는 것이 세상을 살아내는 방법임을 알게 된다. 그래서일까 인구가 증가할수록 인정은 메마르고 삶은 각박해진다. 그런 가운데서도 약한 자들의 작은 신음에도 귀 기울이는 시인의 리버럴 휴머니즘(liberal humanism) 정신을 다음 시편이 말해주고 있다.

저 산을 넘어야 한다

어둠보다 짙은 정적 속에서
불빛 찾는 행렬
낮은 포복으로 기어오른다
절벽에 잡힌 손가락 끝
막막한 하늘도 거기 매달려
가파른 등성이를 따라 오른다
짐 보퉁이 사이로 허기에 구겨진 아이들
손을 놓으면 안 된다는 엄마의 무언 절규
절박한 눈빛으로
뒤를 돌아다보면
아득한 허방 아래
세월이 곤두박질치며 쫓아온다
어서 가자
저 산만 넘으면 된다

담벽이 헐린 자리
전나무 위로
이주하고 있는 담쟁이 무리들
시리아 난민을 실어 나르고 있는
그의 잔등이 벌겋게 벗겨져 있다.

—「담쟁이, 넘다」 전문

담쟁이의 삶은 치열하다. 그러나 자신에게 주어진 운명에 순종하면서 장엄하리만치 묵묵하게 목적을 향해 그저 오를 뿐이다. 여기서의 '오른다' 는 것은 남보다 앞서기 위한 '적자생존' '약육강식' 이 아닌 희망을 잃지 않기 위한 자신과의 투쟁이다. 험난한 세상을 향해 낮은 보폭으로 기어오르는 절박한 눈빛이 가파르다. 그러나 우리의 삶은 뒤돌아보면서 후회에 갇혀 있으면 안 된다. 뒤를 돌아본다는 것은 과거에 얽매이게 됨으로 앞으로 전진하는 힘을 잃기 때문이다. 롯의 아내가 뒤를 돌아보았기 때문에 소금기둥이 된 것처럼 과거에 대한 집착과 미련은 아득한 허방 절망과 좌절로 떨어진다는 뜻이기도 하다.

담쟁이로 이미지화된 시리아 난민의 절박한 삶을 잔잔하게 그려낸 시인의 상생의 원리는 서로의 존재를 존중해주는 따뜻한 인간애, 격조 높은 그의 인격을 대변해 주는 것이다. 담쟁이가 벽을 기어오르는 행위가 치열한 경쟁이 아니라 모두 함께 신천지로 가는 희망의 여정이기에 이 시대가 상실한 가치에 대해 사유하게 하는 시의 맛이 새롭다.

시인은 일상어를 사용하여 다른 사람이 느끼지 못하는 자기만의 감성을 바탕으로 사물을 새롭게 창조해내야 한다. 다음의 시에서 우리는 낡은 인식의 틀을 깨고 새로운 가치를 부여한 신정현 시인의 비범한 안목을 볼 수 있다.

하늘과 수면이 맞닿는 율동공원

거미 한 마리
호수를 가르는 심장 소리
가지 끝에 걸어 논 채
수직으로 하강한다

공포가 발버둥 치며
삶의 진액을
울컥울컥 쏟아낸다

대롱대롱
세상이 모두 거꾸로 달린다

구름 한 잎 스쳐도
허우적대는 다리
마구 흔들린다

물벽에 부딪치는 순간

출렁, 한 생의 통증이
파동친다
거꾸로 서있던 극기의 시간 뒤에는
새로운 세상이 울려 퍼진다.

–「번지 점프」 전문

우리가 가는 길은 오르막에서 무척 힘들다고 생각한다. 사회에서의 오르막은 치열한 경쟁구도이기 때문이다. 하지만 하강하는 길이 오히려 오르는 노력보다 더 큰 담력과 인내를 필요로 한다. 삶에 대한 위기와 상처를 직시할 때는 불안하고 암울한 존재 의식이 자학으로 드러나기도 한다. 그래서 많은 사람들이 내리막길에서 '공포가 발버둥 치며/ 삶의 진액을/ 울컥울컥 쏟아내는' 고통스런 몸부림을 치게 되는 것이다. 그러다가 급기야는 최후의 수단으로 생명까지도 스스로 포기하는 경우도 발생한다.

그러나 '대롱대롱/ 세상이 거꾸로 달린다' 하더라도 잠깐만 생각을 바꾸면 '위기는 곧 기회' 라는 말이 있듯 내리막의 시간은 그 끝이 절망이 아니라 삶의 방향 전환이 되게 하는 지점, 새로운 세상이 열리는 희망의 기회가 되기도 하는 것이다. 시인은 '구름 한 잎 스쳐도/ 허우적대는 다리' 의 고통이 '한 생의 통증' 과정이라고 내적으로 승화시킨다.

신정현 시인의 내면세계가 한층 깊어진 존재의 미학을 추구하고 있음을 볼 수 있다. 내리막길에서 우리들은 한번쯤 자신을 돌아보아야 한다. 올라갈 땐 위로만 향했던 시선이 내려갈 땐 자연히 골짜기 아래로 쏠리게 됨으로 인생의 바닥이라고 생각할 때가 자기 자신을 직시해보는 순간인 것이다. 그리하여 인생이 곤두박질칠 때 지금까지 살아온 삶이 채움에만 급급했다는 것을 시인은 말하고 싶은 것이다.

산정호수 갈대숲에
웅크리고 있던 독수리
고개를 들어 하늘을 보다

날개 밑 침묵을 깨뜨린다

안으로만 궁글리던 시간
기다림의 과녁을 뚫고
위로 위로 쏘아 올린다

수직으로 솟구치는 하얀 날갯짓
우 우 달려드는 바람의 함성

무수히 흩어지는 물보라 속에서
원시의 알몸을 꿈꾼다

하늘, 가까이 갈수록
제 안에 키우던
구름까지도

버리고 비우면
저리도 가벼운 것을

—「분수」 전문

대부분의 사람들은 비움이 바로 채우는 길이라는 걸 알지만 그 비움의 정신은 '앎'으로 성취되는 것이 아니라 삶을 통한 오랜 수련의 시간을 거쳐야만 이루어지는 것이다. 인간의 본능은 채움의 만족을 모른다. 그러므로 필요를 채우기 위해 끊임없이 욕망 속에서 허우적거리게 된다. 분수는 아래로 흐르는 물의 속성을 인위적으로 바꾸어 위로 솟구치도록 만든 장치이다. 그러나 아무리 센 압력을 가해 위로 솟구치게 하더라도 역시 물은 아래로 떨어지게 되어있다. 수증기로 기화했다가 다시 물방울이 되어 지상으로 내려오는 물의 순환을 이미지화한 독수리도 상승과 하강을 반복하는 삶이다.

독수리의 매력은 하늘 높이 날개 치며 올라가는 비상이다. 독수리가 '하늘을 보는 것'은 그 비상을 위한 준비다. 독수리가 바람을 타고 올라가는 것은 넓은 시야로 세상을 내려다보기 위해서이다. 독수리의 넓은 시야는 생존을 위한 본능이며 소유의 욕구를 채우기 위한 수단인 것이다. 그는 높은 상공에서 먹이를 발견하면 망설임이나 한치의 오차도 없이 무서운 속도로 목표물을 향해 내리닫는다. 하여 그의 비상은 하강을 위한 준비이며 하강은 또 다시 비상하기 위한 도약의 발판인 것이다. 비상시에는 가볍게 비워야 하며 하강한 후에는 목표물을 포획했다 해서 욕심껏 채우지 말고 또 다른 비상을 위해 비워야 하는 인생의 리듬을 깨닫게 한다. 우리 인생도 고난과 역경을 견디고 정상에 오른 순간에 미리 하강시의 준비를 해두는 것이 성공을 위한 삶의 비결이 아닌가 생각한다.

꽃이 떨어지지 않으면 열매를 맺을 수 없고 잎을 버리지 않으면 새순을 돋게 할 수 없듯, 손을 펴야만 무엇인가를 잡을 수 있는 것처럼 이러한 '상승과 하강' '비움과 채움' 이라는 자연의 이치 속에서 진정한 삶의 원리를 발견해 내는 것이다. 이는 젊은 날들 수없이 넘어야 했던 인생의 고빗길에서 깨달은 교훈이며 바로 삶의 지표이기도 한 것이다. '제 안에 키우던/ 구름까지도/ 버리고 비우면' 이라는 언술은 그 자신을 힘들게 했던 사랑과 미움 미련과 집착의 끈들을 끊어내면 무상무념(無想無念)의 새로운 존재로 거듭날 수 있음을 고백하는 자기 성찰임을 알 수 있다.

따라서 채움의 날들이 덧없음을 깨달은 시인에게서 비움의 삶을 추구하며 비상하는 여생을 보내겠다는 아름다운 삶의 향기를 느낄 수 있는 것이다. 또한 거기에서 '공수래공수거(空手來空手去)' 라는 진리도 깨닫게 된다. 이름 없는 풀꽃에서 자연 그대로의 멋과 향을 느끼듯, '인간 자체가 이 세상의 무늬다' 라고 누가 말했듯이. 다음 시에서는 신정현 시인이 어떤 삶의 향기와 무늬를 이 세상에 남기고 싶은가를 가늠해 볼 수 있다.

자전거 보관소
체인에 감긴 길들이
꾸역꾸역 모여든다

앞만 보고 달려온 시간이
이제 한가롭다

준마로 단련 받은 오랜 세월
근육질 다리엔
달려온 길의 내력이 환하다

바람과 함께 지나온 수많은 계절
상처 깊은 바닥의 신음까지 안고
생계의 비탈길을 오르내렸다

양수리 옛 철교 아래
질주하는 젊은 날의 내가
발자국이 읽어주는 흔적 따라간다
유년의 둑방길을 달릴 때는
아버지 등에 업혀 바람과 함께 뛰었다

미지의 시간 찾아가는
또 다른 설렘을 안고
살짝 내일을 계산해 본다

더 달려가야 할
내 안의 길 얼마나 될까.

―「길은 휴식 중」 전문

사람들은 태어나면서부터 길과 동행하면서도 길에 갇히게 된다. 그러면서 눈에 보이는 길, 이미 잘 닦여진 길, 고속도로 같은 탄탄대로만 선호한다. 그러나 신정현 시인의 길은 이미 준비된 길, 인위적으로 만들어진 길이 아니다. '꾸역꾸역/ 모여든' 길은 바람과 함께 달려온 자연의 길이다. 자연의 순리에 따르는 길은 '상처 깊은 바람의 신음까지 안고' 가는 선(善)의 길이다. 생계의 비탈길에서도 지나온 발자국을 따라가 보면서 유년의 아버지가 바람막이 되어 주었던 사랑을 기억하고 현실의 힘든 삶을 외면하거나 도피하지 않았다.

'준마로 단련 받으면서/ 앞만 보고 달려온 세월'을 내려놓고 보니 지금까지 정해진 규격대로 살아야 했던 억압과 제약을 벗어나게 되는, 자유롭고 한가로운 휴식이 기다리고 있는 것이다. 쉼은 달리기의 끝이 아니라 다시 시작하는 충전의 기회인 것이다. 그러기에 자연과의 교감과 미지의 시간에 대한 설렘으로 아직도 달려가야 할 젊음을 누리는 신정현 시인이야말로 자기에게 주어진 시간을 계산해보는 인식론적 자기 성찰로 이 시대의 진실된 자화상인 것이다.

3. 그리움의 서정과 미학

흔히 말하기를 시는 '고급 말놀이' 또는 '언어로 그리는 그림' 이라고 한다. 시인은 언어를 도구 삼아 자기 내면의 정서를 글로 그린다. 그 그림은 시인 개개인의 특징을 드러내는 독특한 그림이므로 독자들에게는 새롭게 부여되는 의미로 다가가는 것이다. 신정현 시인의 내면이 그리고 있는 그림 속에서 들끓고 있는 정서의식은 무엇일까.

그의 마음속을 가득 채우고 있는 것은 모성에 대한 절절한 그리움이다. 에밀리 디킨슨은 '사랑이야말로 천지 창조의 시작이며 지구의 해석자' 라고 정의했다. 이어서 그는 '사랑은 하나의 완전한 고통이다. 가치 있는 고통은 사그라들지 않는 법' 이라고도 했다.

최인호의 소설 「어머니는 죽지 않는다」처럼 모성은 모든 인간의 영원한 고향이며 생명의 뿌리이다. 사랑은 고통을 수반하지만 고통 뒤에 오는 생명의 고귀함이 가져다주는 보람이 더 크기에 모든 어머니는 목숨을 건 산고(産苦)에서도 행복을 느끼는 것이다.

위대한 사랑을 거론할 때 누구나 서슴없이 어머니의 사랑을 가장 먼저 꼽는 이유이기도 하다. 동서고금을 막론하고 훌륭한 인물 뒤에는 희생과 사랑의 모성이 배경인 경우를 부인하는 사람은 아무도 없다. 일일이 거론하지 않아도 율곡의 어머니 신사임당은 현모양처의 대표이고 맹자 어머니의 삼천지교(三遷之教)는 교육의 지표로 너무도 유명하지 않는가. 이처럼 인간의 정신적 기둥인 모성에 대한 그리움은 누구에게나 공통된 감정이다. 또한 그리움이란 단어는 모성뿐 아니라 인간의 본능적인 감성이기도 하다.

그리움은 사랑을 동반하고 그 사랑은 기다림으로 시작되며 기다림이 깊어지면 그리움으로, 그리움이 절절해질수록 사랑은 더 간절해지는 것이다. 그러므로 그리움은 그 사랑의 대상이 부재 일 때 더 절박해지고 간절해진다.

고샅길 울타리에
노오란 등불 밝혀놓고
기다리던 어머니

(중략)

가끔
전화선 길게
늘어뜨리시던 어머니
속울음 우는
마음을 알지 못했다

시간의 뒤안길
이제 내가 꽃등 그늘에서
기다림을 맴돈다

오늘도 담장에 기대어
통째로 제 몸 자르며
지쳐가는 눈물
그 꽃, 어머니

–「호박꽃 그늘」 부분

신정현 시인의 가슴 깊이 존재하고 있는 어머니도 언제나 어두운 길을 밝혀주는 등불로 상징되며 그 등불은 바로 기다림으로 이어진다. '어머니'는 그 단어 하나만으로도 가슴 뭉클해지는 영원한 그리움의 대상인 것이다. 어머니는 10개월 동안 태중에서 건강하게 자식이 태어나기를 기다리고, 군대 간 아들을, 시집간 딸을 늘 기다린다. 그 기다림 안에는 할 말이 많다. 그러나 그 말 다 내놓지 못하고 속울음을 삼키는 어머니, 돌아가신 후에야 아니, 세월이 흐른 뒤 어머니가 되어 어머니의 나이가 된 연후에야 내 아이를 기다리는 내게서 그 옛날 어머니를 발견한다.

'시간의 뒤안길/ 이제 내가 꽃등 그늘에서/ 기다림을 맴' 도는 모성애의 순환 구조를 이렇게 표현하면서 '오늘도 담장에 기대어/ 통째로 제 몸 자르며 /지쳐가는 눈물' 모성은 바로 심장 저 밑바닥으로부터 치밀어 오르는 눈물임을 말하고 있다. 시인이 말하는 눈물을 따라가다 보면 풍년의 들판에서도 외롭게 오롯이 서있는 어머니를 만난다.

좁은 논둑길
노릇한 가을로 서 있습니다

바람이 불면
자꾸 흔들리는 기다란 실루엣
무거워지는 고개 아래로
아릿한 어린 날을 봅니다

나락 베던 날의 들녘
커다란 함지박에 새참을 이고
논두렁길 걸어오시던 어머니
촐랑촐랑 뒤따르던 누렁이 뒤로
흰 구름도 따라옵니다

오늘 어머니
그 모습으로
하늘대는 그리움 한 가득 이고
가슴속 깊은 독아지에
가을 볕 담아주러 오셨습니다.

–「강아지풀」 전문

'바람이 불면/ 자꾸 흔들리는/ 아릿한 어린 날' 의 그리움이 어머니로 오버랩된다. 신정현 시인의 추억 속 '커다란 함지박에 새참을 이고/ 논두렁길 걸어오시던' 어머니의 고개는 함지박보다 더 무거운 자식들에 대한 사랑의 무게로 늘 숙여지는 것이다.

그 연대가 된 시인에게 언제나 어린 시절의 '그리움을 한가득 이고/ 가슴속 깊은 항아리에 담아주는' 그 어머니로부터 오는 생명의 짜릿한 아름다움과 인고의 시간을 환하게 밝혀주고 있는 장면이 화가의 붓끝에서 탄생하는 한 폭의 수채화를 보는 듯 선명하다.

자연은 태초부터 '생육하고 번성하라'는 신의 사명이 주어진 생명의 터전이다. 시인은 이러한 자연의 '논둑길' '누렁이' '흰 구름'을 통해서도 잔잔한 그리움을 표현하고 있다. 다음의 시를 보면 자연의 생명력과 에너지가 시인의 감각적인 감성으로 어떻게 새로워지는가를 알게 되면서 그의 가슴으로 뿜어내는 시의 열정에 감동하게 된다.

장독대의 수문장
땡볕 투구에 벌건 투창 치켜들고
기억 속의 시간을 지키고 있다

독아지 위에 꽃잎 차려 놓고
소꿉놀이하던 일곱 살
붉은 그리움 뒤적여 보다가
빈 항아리 사이사이로 누군가를 찾는다

안으로 안으로만 그러담은 갈등
묵묵히 삭혀내던 어머니
모질고 녹슨 날들 닦고 닦아
둥그런 윤기로 품어 안던 세월

이제는 부연 울음만 켜켜이 쌓여있다

옛집 모롱이
뒤돌아보니
어서 가라 손짓하는 어머니
손사래 설핏한데
투구 벗은 기다림 그림자 잃고
여윈 슬픔 한들한들 뒤따라온다.

–「맨드라미」 전문

땡볕 아래서 빈 집을 지키고 있는 '맨드라미'는 어머니로 활유(活喩)되어 고향집을 상징하고 있다. 어머니 세대의 장독대는 가풍을 잇는 주부의 권위였다. 그해 담은 장맛이 좋으면 길조(吉兆)로 여겨 기뻐했고 장맛이 변하면 흉조(凶兆)를 예감하고 장맛을 되돌리기 위해 온갖 정성을 쏟아붓곤 했다. 하여 장독대는 어머니가 가장 소중히 여기며 신성시되기도 하는 곳이기 때문에 부엌과 가까이 있었고 아무도 함부로 드나드는 곳이 아니었다. 시인이 고향집에서 제일 먼저 찾은 곳이 장독대라는 것은 바로 어머니의 추억이 많이 깃든 곳이기 때문이다. '장독대→맨드라미→소꿉놀이 일곱 살'로 상상이 이어진 시인은 어머니의 손때 묻은 항아리들 사이에서 어머니의 체취를 느낀다. '모질고 녹슨 날들 닦고 닦아/ 윤기로 품어 안던/ 어머니의 세월'엔 울음만 쌓여있다.

옛집 모롱이 뒤돌아보니 그 어머니의 세월이 대물림되고 있음을 알게 된다. 순간 생의 질서와 방향을 제시해주는 것이 어머니의 사랑이며 사람답게 살아가는 것도 어머니의 가르침임을 가슴 깊이 느낀다. 친정 나들이를 할 때마다 잠시 머무는 시간의 아쉬움을 뒤로하고 '어서 가라' 손짓하며 행주치마에 눈시울을 닦던 어머니의 사랑과 슬픔이 한들한들 뒤따르곤 했다. 자연의 섭리대로 살아가는 시인의 삶과 생명을 존중하는 시인의 마음이 담겨있는 다음의 시에서 자연의 순환법칙을 또한 깨닫게 된다.

> 깊은 산마루
> 생각을 꺼낸다
>
> (중략)
>
> 바닥을 뒹구는 이름 하나
> 칡넝쿨을 잡고 기어오른다
> 그리움으로 가는 길
> 보이질 않아
> 햇살 따라 가보지만
> 언제 미워했는지
> 왜 울었는지
> 세탁된 언어들이
> 티 없이 순한 맘으로 다가온다

맨발로 찾아오는 발소리는
도돌이로 돌아오는 산의 감탄사
내 귀가 점점 커진다.

-「메아리」 부분

'사람은 행한 대로 받는다'는 말처럼 알게 모르게 모든 사람들은 부모님을 닮는다. 말투며 행동 심지어는 성격에서 가계에 흐르는 지병(持病)까지도 대물림이 되는 것을 익히 알고 있다. 앞에서도 거론했듯이 모성은 기다림이며 그리움의 원천이 된다. 그리움은 기다림으로 더 짙어지며, 기다림은 다시 절절한 그리움으로 돌아오는 것이다. 이렇게 순연하는 자연의 이치를 메아리로 형상화한 이 시는 시인의 상상력의 영역이 확장되어 나가는 활발한 움직임을 볼 수 있다.

소리를 모으고 소리(메아리) 속에서 생각을 꺼낸다. 그 생각은 바로 그리운 이름으로 그리움은 다시 순한 맘으로 되돌아오고 끝내 그에게로 가는 길이 보이지 않아 햇살을 따라가 보지만 또 다시 만나는 건 내 목소리일 뿐 그리운 음성은 들리지 않아 오직 귀만 커질 뿐이다.

평범한 일상을 시적 언어로 승화시킨 그리움의 미학이라고 생각한다.

4.에필로그

이제 시인은 지난날의 삶을 관조해 볼 수 있는 노을의 언덕에 서 있다. 단풍의 색깔이 떨어지기 전에 가장 고운 빛깔이 되고 태양이 서쪽으로 넘어가기 직전이 제일 붉은 것처럼 노을도 지기 전이 제일 아름답다고 한다.

바로 그 지점에서 노을을 끌어당겨 시간을 늘이며 시를 재고 있는 신정현 시인이 삶의 진수를 뽑아 앞으로 이 찬란한 미래의 시간을 어떻게 수놓아야 할까를 말해주고 있는 다음의 시를 감상해 보자.

소나무 층층나무 이런저런 나무들이
울울히 들어선 숲속
잎새들이 첩첩이 쌓인 미로의 페이지
바람의 손이 한 장 한 장 들추며
행간의 이야기를 읽어주고 있다
상상의 길을 따라가는 시간
숨소리마저 들리지 않는 정적 속으로
상수리 한 알 툭 떨어져
고요의 바닥에 밑줄을 긋는다

시간이 짙어질수록 형형해지는 눈빛이
깊숙이 꽂히는 비탈길에
노을 한 자락
어둠을 업고 내려온다

반만 접어 호주머니에 넣은 문장 끝 물음표
풀어야 할 과제는 무엇일까
곰곰이 생각해보는 내일의 서가
긴 그림자 끌고 온다.

-「도서관」 전문

시인이 지금까지 걸어온 길은 '울울한 숲속 미로의 페이지'를 들추며 '상상의 길을 따라가는 시간'이었다. 정적을 깨뜨리는 상수리 한 알처럼 그의 생을 일깨운 작은 소리, 이것은 시의 속삭임이 아니었을까 그 길에서 '고요의 바닥에 밑줄을 긋게' 된 시의 세계를 알게 되었을 것이다.

따라서 시인은 이제 시간이 짙어질수록 그의 시선을 '시'라는 한곳으로 집중한다. 그리고 '노을 한 자락 어둠(죽음)을 업고 가는' 생의 비탈길에서 자신이 풀어야 할 과제를 생각해 본다.

또한 표제시 「밀물을 읽다」에서도 '밀려왔다가 사라지는 시간 속에서' '태초의 고향집(천국)이 보이는' 자신을 돌아보며 후손에게 어떻게 하면 한줌의 빛이 될까, 하늘의 뜻에 순종할까, 스스로에게 질문을 해 보는 것이다.

특히 진실한 삶의 체험이 묻어나는 시 「구름다리」에서는 '무엇이 그른지/ 분간할 여유도 없이/ 잘못했습니다'라고 하는 언술이 생의 의미를 말해 준다면, 「빈 까치집」에서는 '살아온 하늘 다 비워놓은' 빈 둥지 신드롬 시대의 허무함을 넘어 자신을 통찰하는 성숙한 존재 의식 속에서 평화와 안식을 누리려는 숭고한 정신을 느낀다.

「시를 찾아서」에서 고백하듯이 신정현 시인에게 시는 헝클어진 실타래를 푸는 일이다. 인생도 바로 뒤엉킨 실타래를 풀어가는 과정이 아닐까? 첫 올을 찾지 못해 좌절하기도 하고 무력감에 빠지기도 하고 겨우 찾은 매듭을 놓치기도 한다.

종일 보일 듯 말 듯한 시의 길을 찾아 끊임없이 도전한다. 때로는 「첫사랑」처럼 그리운 얼굴이었다가 울어버릴 것 같은 서글픔의 붉은 문장이 되기도 한다. 그렇더라도 오랫동안 신정현 시인을 지켜본 필자는 시의 길을 오래오래 중단 없이 정진할 것을 권면하면서, 앞으로도 많은 독자들에게 새로운 감각으로 청량한 상상의 기쁨을 제공해 주리라 믿는다.

힘든 고뇌의 작업과 열정이 만들어낸 열매이며 일생의 삶이 담겨 있는 첫번째 시집 「밀물을 읽다」를 상재하게 됨을 진심으로 축하한다. 아울러 제2 제3의 주옥같은 시편들이 이어지기를 기대한다.

밀물을 읽다

찍은날 2018년 7월 10일
펴낸날 2018년 7월 15일
지은이 신정현
펴낸이 박몽구
펴낸곳 도서출판 시와문화
주 소 (13955) 경기 안양시 동안구 경수대로883번길 33,
103동 204호(비산동 꿈에그린아파트)
전 화 (031)452-4992
E-mail poetpak@naver.com
등록번호 제2007-000005호 (2007년 2월 13일)

ISBN 978-89-94833-39-2(03810)

정 가 10,000원